Maria Cristina Catalano
Amela Vucic

Französisch an Stationen

Übungsmaterial zu den Kernthemen der Bildungsstandards — 2. Lernjahr

Auer Verlag

Die Herausgeber:

Marco Bettner: Rektor als Ausbildungsleiter, Haupt- und Realschullehrer, Referent in der Lehrerfort- und Lehrerweiterbildung

Dr. Erik Dinges: Rektor einer Förderschule für Lernhilfe, Referent in der Lehrerfort- und Lehrerweiterbildung

Die Autorin:

Maria Cristina Catalano: Fachlehrerin für Französisch und Deutsch in der Sekundarstufe I

Amela Vucic: Fachlehrerin für Französisch und Deutsch in der Sekundarstufe I

Bildquellen:

Sacré-Cœur © Berthold Werner, wikipedia

Eiffelturm © Ben LIEU SONG, wikipedia

Arc de Triomphe © Ben LIEU SONG, wikipedia

La Défense © Own Phto, wikipedia

Louvre © Ben LIEU SONG, wikipedia

Gedruckt auf umweltbewusst gefertigtem, chlorfrei gebleichtem
und alterungsbeständigem Papier.

1. Auflage 2013
Nach den seit 2006 amtlich gültigen Regelungen der Rechtschreibung
© Auer Verlag
AAP Lehrerfachverlage GmbH, Donauwörth
Alle Rechte vorbehalten
Das Werk und seine Teile sind urheberrechtlich geschützt. Jede Nutzung in anderen als den
gesetzlich zugelassenen Fällen bedarf der vorherigen schriftlichen Einwilligung des Verlages.
Hinweis zu § 52a UrhG: Weder das Werk noch seine Teile dürfen ohne eine solche Einwilligung
eingescannt und in ein Netzwerk eingestellt werden. Dies gilt auch für Intranets von Schulen
und sonstigen Bildungseinrichtungen.
Illustrationen: Hendrik Kranenberg, Steffen Jähde, Corina Beurenmeister, Stefanie Aufmuth, Barbara Schumann
Satz: krauß-verlagsservice, Augsburg
Druck und Bindung: Kessler Druck + Medien GmbH, Bobingen
ISBN 978-3-403-**07138**-9

www.auer-verlag.de

Inhaltsverzeichnis

Vorwort 4

Materialaufstellung und Hinweise zu den einzelnen Stationen 5

Fiche de bord 8

Mon premier rendez-vous
(nombres 100–1000, pronoms d'objet directs le/la/les, qui/que/où)

Station 1:	Les nombres de 1–1000 ..	9
	Tableau	10
Station 2:	Les nombres – dominos ..	11
Station 3:	Cent plus cent fait combien?	12
Station 4:	C'est le garçon que j'aime! *(qui, que, où)*	13
Station 5:	Je le prends *(pronoms d'objet directs le/la/les)* ..	14
Station 6:	Connais-tu les nombres? .	15

Les nouveaux vêtements
(nouveau/beau/vieux/bon/petit/grand, quel/quelle/quels/quelles, ce/cet/cette/ces, comparaisons)

Station 1:	Les vêtements et les couleurs	16
Station 2:	Au magasin	17
Station 3:	Ça me plaît beaucoup! ...	18
Station 4:	On fait du shopping	19
	Cartes de rôle	20
Station 5:	Ces prix sont intéressants! *(ce/cet/cette/ces)*	21
Station 6:	Mon nouvel anorak *(nouveau/beau/etc.)*	22
Station 7:	La jupe est super!	23
Station 8:	Le pantalon est plus beau que le jean! *(comparaison)*	24
Station 9:	Quels vêtements est-ce que je mets? *(quel/quelle/ quelles/quels)*	25
Station 10:	Quelle est votre taille? ...	26

A Paris
(passé composé avec avoir/être, prépositions)

Station 1:	Qu'est-ce qu'ils ont fait? *(passé composé avec avoir)*	27
Station 2:	Sophie Marceau et Gérard Depardieu *(passé composé avec être)*	28
Station 3:	Bonne mémoire *(mots croisés)*	29
Station 4:	A l'école	30
Station 5:	Les vacances à Paris	31
Station 6:	Les verbes dormir, partir, sortir	32
Station 7:	Les verbes voir, mettre, venir	33
Station 8:	Je suis à coté de la Tour Eiffel	34

Au collège
(lui/leur, tout/toute/tous/toutes, il faut faire qc, négation ne … plus/rien/personne/jamais)

Station 1:	On lui dit bonjour	35
Station 2:	J'aime toute la classe	36
Station 3:	Toujours ces devoirs!	37
Station 4:	Il faut faire les devoirs	38
Station 5:	Il n'y a personne	39
Station 6:	Il faut faire quelque chose	40

En vacances
(discours indirect, verbes réflexifs)

Station 1:	Mes hobbies	41
Station 2:	Interview	42
Station 3:	Les activités	43
Station 4:	Marie trouve Audrey Tautou super *(discours indirect)* ...	44
Station 5:	Je m'appelle Jeanne, et toi? *(pronoms personnels toniques)*	45
Station 6:	Je m'appelle Philippe *(verbes réflexifs)*	46
Station 7:	Eux, ils sont très sympathiques *(pronoms personnels toniques)*	47
Station 8:	A la banque	48
Station 9:	Cherchez les images	49
Station 10:	Expliquer le chemin	50
Station 11:	Où est le café «Olé»?	51

Solutions 52

Retranscriptions de la compréhension orale 62

Inhaltsverzeichnis

Piste 1 (0:50 min)
Mon premier rendez-vous – Station 6: Connais-tu les nombres? Exercice 1 (S. 15)

Piste 2 (0:53 min)
Mon premier rendez-vous – Station 6: Connais-tu les nombres? Exercice 2 (S. 15)

Piste 3 (2:05 min)
Les nouveaux vêtements – Station 10: Quelle est votre taille? (S. 26)

Piste 4 (1:30 min)
A Paris – Station 4: A l'école (S. 30)

Piste 5 (1:40 min)
Au collège – Station 4: Il faut faire les devoirs, Exercise 1 (S. 38)

Piste 6 (1:11 min)
En vacances – Station 8: A la banque, Exercice 1 (S. 48)

Piste 7 (1:45 min)
En vacances – Station 10: Expliquer le chemin (S. 50)

Vorwort

Bei den vorliegenden Stationsarbeiten handelt es sich um eine Arbeitsform, bei der unterschiedliche Lernvoraussetzungen, unterschiedliche Zugänge und Betrachtungsweisen und unterschiedliche Lern- und Arbeitstempi der Schüler[1] Berücksichtigung finden. Die Grundidee ist, den Schülern einzelne Arbeitsstationen anzubieten, an denen sie gleichzeitig selbstständig arbeiten können. Die Reihenfolge des Bearbeitens der Einzelstationen ist dabei ebenso frei wählbar wie das Arbeitstempo und meist auch die Sozialform.

Als dominierende Unterrichtsprinzipien sind bei allen Stationen die Schülerorientierung und Handlungsorientierung aufzuführen. Schülerorientierung meint, dass der Lehrer in den Hintergrund tritt und nicht mehr im Mittelpunkt der Interaktion steht. Er wird zum Beobachter, Berater und Moderator.

Seine Aufgabe ist nicht das Strukturieren und Darbieten des Lerngegenstandes in kleinsten Schritten, sondern durch die vorbereiteten Stationen eine Lernatmosphäre zu schaffen, in der Schüler sich Unterrichtsinhalte eigenständig erarbeiten bzw. Lerninhalte festigen und vertiefen können.

Handlungsorientierung meint, dass das angebotene Material und die Arbeitsaufträge für sich selbst sprechen. Der Unterrichtsgegenstand und die zu gewinnenden Erkenntnisse werden nicht durch den Lehrer dargeboten, sondern durch die Auseinandersetzung mit dem Material und die eigene Tätigkeit gewonnen und begriffen.

Ziel der Veröffentlichung ist, wie bereits oben angesprochen, das Anknüpfen an unterschiedliche Lernvoraussetzungen der Schüler. Jeder Einzelne erhält seinen eigenen Zugang zum inhaltlichen Lernstoff. Die einzelnen Stationen ermöglichen das Lernen mit allen Sinnen bzw. den verschiedenen Eingangskanälen. Dabei werden sowohl visuelle (sehorientierte) als auch haptische (fühlorientierte sowie kognitive (intellektuelle) Lerntypen angesprochen. An dieser Stelle werden auch gleichermaßen die Brunerschen Repräsentationsebenen (enaktiv bzw. handelnd, ikonisch bzw. visuell und symbolisch) mit einbezogen. Aus Ergebnissen der Wissenschaft ist bekannt: Je mehr Eingangskanäle angesprochen werden, umso besser und langfristiger wird Wissen gespeichert und damit umso fester verankert. Das vorliegende Arbeitsheft unterstützt in diesem Zusammenhang das Erinnerungsvermögen, das nicht nur an Einzelheiten und Begriffe geknüpft ist, sondern häufig auch an die Lernsituation.

Folgende Inhalte des Französischunterrichts werden innerhalb der verschiedenen Stationen behandelt:

- Mon premier rendez-vous
- Les nouveaux vêtements
- A Paris
- Au collège
- En vacances

---

[1] Aufgrund der besseren Lesbarkeit ist in diesem Buch mit Schüler auch immer die Schülerin gemeint, ebenso verhält es sich mit Lehrer und Lehrerin etc.

Materialaufstellung und Hinweise zu den einzelnen Stationen

Mon premier rendez-vous

Die Seiten 9–15 sind in entsprechender Anzahl zu vervielfältigen und den Schülern bereitzulegen. Als Möglichkeit zur Selbstkontrolle können Lösungsseiten erstellt werden. Manchmal sind auch offene Aufgaben mit individuellen Lösungen vorhanden, die dann im Plenum besprochen werden sollten.

Seite 9   Station 1:   **Les nombres de 1–1000:** Zahlentabelle für jeden Schüler laminieren ⇨ soll als Hilfestellung für die Arbeit an den einzelnen Stationen dienen

Seite 11 Station 2:   **Les nombres – dominos:** Pappe, Schere, Kleber; Schüler kleben Arbeitsblatt auf die Pappe und schneiden Dominoteile aus

Seite 12 Station 3:   **Cent plus cent fait combien?:** Schere

Seite 15 Station 6:   **Connais-tu les nombres:** CD-Player, Audio-CD

Les nouveaux vêtements

Die Seiten 16–26 sind in entsprechender Anzahl zu vervielfältigen und den Schülern bereitzulegen. Als Möglichkeit zur Selbstkontrolle können Lösungsseiten erstellt werden. Manchmal sind auch offene Aufgaben mit individuellen Lösungen vorhanden, die dann im Plenum besprochen werden sollten.

Seite 19 Station 4:   **On fait du shopping:** Scheren

Seite 23 Station 7:   **La jupe est super!:** Buntstifte

Seite 26 Station 10: **Quelle est votre taille?:** CD-Player, Audio-CD

A Paris

Die Seiten 27–34 sind in entsprechender Anzahl zu vervielfältigen und den Schülern bereitzulegen. Als Möglichkeit zur Selbstkontrolle können Lösungsseiten erstellt werden. Manchmal sind auch offene Aufgaben mit individuellen Lösungen vorhanden, die dann im Plenum besprochen werden sollten.

Seite 28 Station 2:   **Sophie Marceau et Gérard Depardieu:** Wörterbuch, Grammatikhefte der Schüler können zum Notieren der neuen Grammatik benutzt werden

Seite 30 Station 4:   **A l'école:** CD-Player, Audio-CD

Au collège

Die Seiten 35–40 sind in entsprechender Anzahl zu vervielfältigen und den Schülern bereitzulegen. Als Möglichkeit zur Selbstkontrolle können Lösungsseiten erstellt werden. Manchmal sind auch offene Aufgaben mit individuellen Lösungen vorhanden, die dann im Plenum besprochen werden sollten.

Seite 38   Station 4:   **Il faut faire les devoirs:** CD-Player, Audio-CD

En vacances

Die Seiten 41–51 sind in entsprechender Anzahl zu vervielfältigen und den Schülern bereitzulegen. Als Möglichkeit zur Selbstkontrolle können Lösungsseiten erstellt werden. Manchmal sind auch offene Aufgaben mit individuellen Lösungen vorhanden, die dann im Plenum besprochen werden sollten.

Seite 48   Station 8:   **A la banque:** CD-Player, Audio-CD

Seite 49   Station 9:   **Cherchez les images:** Buntstifte

Seite 50   Station 10: **Expliquer le chemin:** CD-Player, Audio-CD, Stadtplan evtl. groß (auf DIN A3) kopieren

Fiche de bord

pour _____

Stations obligatoires

Numéro de la station	accomplie	contrôlée
numéro _____		
numéro _____		
numéro _____		
numéro _____		
numéro _____		
numéro _____		
numéro _____		
numéro _____		
numéro _____		

Stations facultatives

Numéro de la station	accomplie	contrôlée
numéro _____		
numéro _____		
numéro _____		
numéro _____		
numéro _____		

Station 1

Les nombres de 1–1 000

Name:

Exercice 1

Ecrivez les nombres en français! Utilisez votre tableau, il peut vous aider.

a) 562: _____ b) 287: _____

c) 139: _____ d) 428: _____

e) 724: _____ f) 375: _____

g) 907: _____ h) 460: _____

i) 386: _____ j) 884: _____

Exercice 2

Ecrivez les chiffres! Utilisez votre tableau, il peut vous aider.

a) deux cent quatre: _____ b) cinq cent soixante: _____

c) cent vingt-deux: _____ d) neuf cent quatre-vingt-un: _____

e) six cent douze: _____ f) huit cent quatre-vingt-onze: _____

g) deux cent quarante-cinq: _____ h) trois cent vingt-huit: _____

i) quatre cent soixante-dix: _____ j) sept cent dix-huit: _____

Exercice 3

Prépare des exercices pour ton partenaire! Choisis cinq nombres et cinq chiffres et trouve d'abord les solutions.

chiffre ⇨ nombre

a) _____

b) _____

c) _____

d) _____

e) _____

nombre ⇨ chiffre

a) _____

b) _____

c) _____

d) _____

e) _____

Station 1

Tableau

Name:

Mon premier rendez-vous

1 un/une	2 deux	3 trois	4 quatre	5 cinq	6 six	7 sept	8 huit	9 neuf	10 dix
11 onze	12 douze	13 treize	14 quatorze	15 quinze	16 seize	17 dix-sept	18 dix-huit	19 dix-neuf	20 vingt
21 vingt et un	22 vingt-deux	23 vingt-trois	24 vingt-quatre	25 vingt-cinq	26 vingt-six	27 vingt-sept	28 vingt-huit	29 vingt-neuf	30 trente
31 trente et un	32 trente-deux	33 trente-trois	34 trente-quatre	35 trente-cinq	36 trente-six	37 trente-sept	38 trente-huit	39 trente-neuf	40 quarante
41 quarante et un	42 quarante-deux	43 quarante-trois	44 quarante-quatre	45 quarante-cinq	46 quarante-six	47 quarante-sept	48 quarante-huit	49 quarante-neuf	50 cinquante
51 cinquante et un	52 cinquante-deux	53 cinquante-trois	54 cinquante-quatre	55 cinquante-cinq	56 cinquante-six	57 cinquante-sept	58 cinquante-huit	59 cinquante-neuf	60 soixante
61 soixante et un	62 soixante-deux	63 soixante-trois	64 soixante-quatre	65 soixante-cinq	66 soixante-six	67 soixante-sept	68 soixante-huit	69 soixante-neuf	70 soixante-dix
71 soixante et onze	72 soixante-douze	73 soixante-treize	74 soixante-quatorze	75 soixante-quinze	76 soixante-seize	77 soixante-dix-sept	78 soixante-dix-huit	79 soixante-dix-neuf	80 quatre-vingt
81 quatre-vingt-un	82 quatre-vingt-deux	83 quatre-vingt-trois	84 quatre-vingt-quatre	85 quatre-vingt-cinq	86 quatre-vingt-six	87 quatre-vingt-sept	88 quatre-vingt-huit	89 quatre-vingt-neuf	90 quatre-vingt-dix
91 quatre-vingt-onze	92 quatre-vingt-douze	93 quatre-vingt-treize	94 quatre-vingt-quatorze	95 quatre-vingt-quinze	96 quatre-vingt-seize	97 quatre-vingt-dix-sept	98 quatre-vingt-dix-huit	99 quatre-vingt-dix-neuf	100 cent
111 cent onze	222 deux cent vingt-deux	333 trois cent trente-trois	444 quatre cent quarante-quatre	555 cinq cent cinquante-cinq	666 six cent soixante-six	777 sept cent soixante-dix-sept	888 huit cent quatre-vingt-huit	999 neuf cent quatre-vingt-dix-neuf	1000 mille

Station 2

Les nombres – dominos

Name:

Exercice

Jouez aux dominos.

cent vingt-quatre	810	trois cent quarante-neuf	124
deux cent trente et un	349	sept cent treize	231
cent onze	713	six cent soixante-quatorze	111
Six cent cinquante-huit	674	sept cent douze	658
huit cent soixante-trois	712	huit cent quatre-vingt-neuf	863
six cent soixante-sept	889	neuf cent soixante-seize	667
trois cent vingt et un	976	neuf cent dix	321
deux cent soixante	910	quatre cent trente et un	260
cinq cent sept	431	cinq cent trente-six	507
sept cent cinquante-sept	536	quatre cent treize	757
huit cent quatre-vingt-six	413	huit cent dix	886

Mon premier rendez-vous

Station 3

Cent plus cent fait combien?

Name:

Exercice

Travaille en tandem avec ton partenaire.

Partenaire A	Partenaire B
176 + 300 = ?	cent soixante-seize plus trois cent fait? **quatre cent soixante-seize**
deux cent quatre-vingt plus six cent vingt fait? **neuf cent**	280 + 620 = ?
545 + 230 = ?	Cinq cent quarante-cinq plus deux cent trente fait? **sept cent soixante-quinze**
Trois cent vingt plus quatre cent soixante-dix fait? **sept cent quatre-vingt-dix**	320 + 470 = ?
1000 − 110 = ?	mille moins cent dix fait? **huit cent quatre-vingt-dix**
Cinq cent onze plus quatre cent quarante-deux fait? **neuf cent cinquante-trois**	511 + 442 = ?
600 + 177 = ?	Six cent plus cent soixante-dix-sept fait? **sept cent soixante-dix-sept**
Six cent cinquante moins deux cent soixante fait? **trois cent quatre-vingt-dix**	650 − 260 = ?

Station 4

C'est le garçon que j'aime!

Relativsatz mit *qui*
Im Relativsatz ist das Relativpronomen *qui* (der, die, das) das Subjekt. Man kann es also ermitteln, indem man nach „wer oder was?" fragt. *Qui* kann für Personen und Sachen im Singular und Plural stehen und ist unveränderlich.
C'est ma correspondante qui habite à Marseille.
Nous regardons la neige qui tombe.

Relativsatz mit *que*
Das Relativpronomen *que* bzw. *qu'* (den, die, das) ist immer direktes Objekt im Relativsatz. Man kann es also ermitteln, indem man nach „wen oder was?" fragt. *Que/qu'* kann für Personen und Sachen im Singular und Plural stehen und ist unveränderlich. Wie schon bekannt, wird *que* vor einem Vokal oder einem stummen h zu *qu'* (z.B. *qu'il*).
C'est le garçon que j'aime beaucoup.
Ce sont des villes que j'aime.

Relativsatz mit *où*
Im Relativsatz vertritt das Relativpronomen *où* einfach die Ortsbezeichnung. Man fragt nach dem „wo?"
C'est le café où il rencontre ses amis.

Exercice

Complète avec *qui, que* et *où*.

1. Ce sont Louis et Frédéric _____ sont les copains d'Amélie.
2. C'est la fille _____ les Maurice aiment beaucoup.
3. Notre chien va partout _____ ma mère va.
4. Nous regardons le film _____ tu as regardé la semaine dernière.
5. Où est le CD _____ je t'ai acheté?
6. C'est mon copain _____ sonne à la porte.
7. C'est une B.D. _____ tu n'as jamais vu.
8. Le train _____ part va à Paris.
9. Nous allons au stade _____ il y a un concert.
10. La robe _____ elle porte lui va très bien.
11. Mon père a un collègue _____ est français.
12. C'est au centre-ville _____ il y a le plus grand cinéma.
13. Ma sœur, _____ aime la musique, joue de la trompette.
14. Le gâteau _____ nous mangeons est délicieux.
15. La fille _____ passe est dans ma classe.
16. C'est le bistro _____ j'ai rendez-vous avec ma copine.
17. Ce sont des gens _____ vous ne connaissez pas.
18. Le vin _____ nous buvons vient de Bordeaux.
19. Le bus _____ nous prenons a du retard.

Station 5

Je le prends

Les pronoms d'objet directs – die direkten Objektpronomen *le/la/l'/les*

Die direkten Objektpronomen stehen immer vor dem konjugierten Verb:

Est-ce que Lucie montre **le livre** à ses copines?
- Oui elle **le** montre à ses copines.
- Non, elle ne **le** montre pas à ses copines.

Est-ce que Manon range **sa chambre** maintenant?
- Oui elle **la** range maintenant.
- Non, elle ne **la** range pas maintenant.

Est-ce que Luc rencontre **ses amis** ce soir?
- Oui il **les** rencontre ce soir.
- Non, il ne **les** rencontre pas ce soir.

Exercice 1

Répondez aux questions. Utilisez les pronoms directs *le, la, l', les*.

1. Est-ce que tu regardes le film avec nous?

   Oui, _____

2. Est-ce que Julie met ses affaires dans sa chambre?

   Non, _____

3. Est-ce que les filles aiment le cadeau?

   Oui, _____

4. Est-ce que Marc trouve la nouvelle élève sympa?

   Oui, _____

5. Est-ce que la famille écoute les nouveaux CD de Noël?

   Non, _____

6. Est-ce que tu vois les garçons de la 5ième?

   Oui, _____

Exercice 2

Formulez quatre questions et posez-les à votre partenaire.

Station 6

Connais-tu les nombres?

Name: _____

Mon premier rendez-vous

Exercice 1 Piste 1

Ecoute et note les chiffres.

1. _____
2. _____
3. _____
4. _____
5. _____
6. _____
7. _____
8. _____
9. _____
10. _____

Exercice 2 Piste 2

Ecoute et note les nombres en français.

1. _____
2. _____
3. _____
4. _____
5. _____
6. _____
7. _____
8. _____
9. _____
10. _____
11. _____

Station 1

Les vêtements et les couleurs

Name:

Exercice 1

Quels vêtements est-ce qu'il y a? Relie.

1. une casquette   a)

2. un anorak   b)

3. un pull   c)

4. une jupe   d)

5. un pantalon   e)

6. une robe   f)

7. un jean   g)

8. une chaussure   h)

9. une chaussette   i)

10. un T-shirt   j)

Exercice 2

Quelle couleur correspond en allemand? Relie.

rouge   bleu   blanc   noir   gris   vert   jaune   violet   marron

schwarz   rot   lila   braun   grün   blau   weiß   gelb   grau

Les nouveaux vêtements

Station 2

Au magasin

Name:

Les nouveaux vêtements

Exercice

Que dit un vendeur/une vendeuse? Que dit un client/une cliente? Lis les expressions et écris-les dans le tableau.

Bonjour, monsieur/madame/mademoiselle. Vous désirez?
Non merci, je ne prends rien.
Vous avez ce pull/ces chaussures en 36?
Ça ne me va pas! C'est trop petit/grand.
Ce n'est vraiment pas cher!
La couleur est géniale/super!
Vous prenez le pantaloon et la jupe?
C'est très beau!
Quelle est votre pointure?
J'adore.../je déteste la couleur!
Elles coûtent combien, les chaussures?
C'est les soldes en ce moment.
Ce n'est pas cher/c'est trop cher.
Où est la caisse?
Où sont les cabines?
Je voudrais .../Je cherche .../Je ne sais pas, je regarde ...
Je prends le pantalon.
C'est exactement votre taille!
Quelle est votre taille?
Vous voulez essayer?
C'est la mode en ce moment!
Cette couleur vous va bien.

Le vendeur/la vendeuse	Le client/la cliente

Station 3

Ça me plaît beaucoup!

Name:

Exercice

Fais l'interprète!
Tu accompagnes un ami qui ne parle pas français dans un grand magasin en France. Il veut s'acheter des chaussures. Tu traduis ce que ton ami et le vendeur disent.

Vendeur	toi	Ton ami
a) Bonjour, monsieur, vous désirez?	1. 2.	Ich suche Schuhe.
b) Et quelle est votre pointure?	1. 2.	Ich habe Größe 40. Haben Sie diese Schuhe in 40?
c) Oui, vous voulez les essayer?	1. 2.	Ja danke.
d) C'est très beau! C'est la mode en ce moment!	1. 2.	Wieviel kosten sie?
e) C'est les soldes en ce moment … 60 euros seulement.	1. 2.	Das ist zu teuer!
f) Vous prenez les chaussures?	1. 2.	Nein danke, ich nehme nichts.

Les nouveaux vêtements

Station 4

On fait du shopping

Name: _____

Exercice

Faites des jeux de rôle avec votre partenaire.

Carte de rôle

Du bist **Verkäufer/-in**.

» Du begrüßt die Kunden und fragst sie, was sie suchen, oder ob du ihnen helfen kannst.

» Du fragst die Kunden nach ihrer Größe.

» Es gibt keine grauen Schuhe in der Größe der Kundin mehr. Du zeigst ihr braune Schuhe. Sie kosten 35,– €.

Carte de rôle

Du bist **Kundin/Kunde**.

» Du suchst graue Schuhe.

» Du fragst nach dem Preis der Schuhe, die die Verkäuferin/der Verkäufer dir zeigt.

» Falls es keine grauen Schuhe in deiner Größe gibt, willst du es dir noch mal überlegen und vielleicht morgen wiederkommen.

Carte de rôle

Du bist **Verkäufer/-in**.

» Du begrüßt die Kunden und fragst sie, was sie suchen, oder ob du ihnen helfen kannst.

» Du fragst die Kunden nach ihrer Größe.

» Es gibt keine blauen Pullis in der Größe der Kundin/des Kunden mehr. Du zeigst ihr/ihm schwarze Pullis. Sie kosten 23,– €.

Carte de rôle

Du bist **Kundin/Kunde**.

» Du suchst einen blauen Pulli.

» Du fragst nach dem Preis der Pullis, die die Verkäuferin/der Verkäufer dir zeigt.

» Falls es keine blauen Pullis in deiner Größe gibt, willst du es dir noch mal überlegen und vielleicht morgen wiederkommen.

Carte de rôle

Du bist **Verkäufer/-in**.

» Du begrüßt die Kunden und fragst sie, was sie suchen, oder ob du ihnen helfen kannst.

» Du fragst die Kunden nach ihrer Größe.

» Du hast schwarze kurze Röcke im Sonderangebot für 40,– € (in allen Größe vorrätig).

» Die Kassen befinden sich auf der rechten Seite.

Carte de rôle

Du bist **Kundin**.

» Du suchst einen kurzen schwarzen Rock. Du willst höchstens 30,– € ausgeben. Du fragst daher nach Sonderangeboten.

» Wenn dir ein Rock gefällt, kaufst du ihn, auch wenn er etwas teurer ist.

» Du fragst nach der Kasse.

Les nouveaux vêtements

Station 4

Cartes de rôle

Name:

Les nouveaux vêtements

Carte de rôle

Du bist **Verkäufer/-in**.

» Du sprichst einen Kunden/eine Kundin an und fragst, ob du helfen kannst.

» Die Kabinen sind auf der linken Seite.

» Du findest, dass der Artikel dem Kunden/der Kundin sehr gut steht.

Carte de rôle

Du bist **Kundin/Kunde**.

» Du hast im Laden eine Jeans gefunden.

» Du fragst die Verkäuferin/den Verkäufer, ob du sie anprobieren kannst und wo die Umkleidekabinen sind.

» Du fragst die Verkäuferin/den Verkäufer, wie dir die Jeans steht und entscheidest dich dafür.

Carte de rôle

Du bist **Verkäufer/-in**.

» Du begrüßt die Kunden und fragst sie, was sie suchen, oder ob du ihnen helfen kannst.

» Du fragst die Kunden nach ihrer Größe.

» Es gibt keine blauen Jacken in der Größe der Kundin/des Kunden mehr. Du zeigst ihr/ihm schwarze Jacken. Sie kosten 79,– €.

Carte de rôle

Du bist **Kundin/Kunde**.

» Du suchst eine blaue Jacke.

» Du fragst nach dem Preis der Jacken, die die Verkäuferin/der Verkäufer dir zeigt.

» Falls es keine blauen Jacken in deiner Größe gibt, willst du es dir noch mal überlegen und vielleicht morgen wiederkommen.

Carte de rôle

Du bist **Verkäufer/-in**.

» Du begrüßt die Kunden und fragst sie, was sie suchen, oder ob du ihnen helfen kannst.

» Du fragst die Kunden nach ihrer Größe.

» Du hast keine roten T-Shirts mehr in der gesuchten Größe, aber dafür schicke orange (für 10,– €).

» Die Kassen befinden sich auf der linken Seite.

Carte de rôle

Du bist **Kundin/Kunde**.

» Du suchst ein rotes T-Shirt.

» Zur Not würdest du auch ein oranges nehmen.

» Falls du dich für einen Artikel entscheidest, fragst du nach der Kasse, um zu bezahlen.

Station 5

Ces prix sont intéressants!

Name:

Exercice 1

Complète avec *ce, cette, cet* ou *ces*. Fais attention à l'accord des adjectifs!

> *Exemple:* **Cette fille** est très **belle**. **Ce garçon** est très **beau**.
> **Ces filles** sont **belles**. **Ces garçons** sont **beaux**.
>
> **Cet exemple** est **important**.
> **Ces exemples** sont **importants**.

1. _____ sport est _____ *(intéressant)*.
2. _____ vacances sont _____ *(beau)*.
3. _____ danse est _____ *(génial)*.
4. _____ maillot de bain est trop _____ *(petit)*.
5. _____ ordinateur est tout _____ *(neuf)*.
6. _____ vendeuse est _____ *(sympa)*.
7. _____ plage est _____ *(grand)*.
8. _____ vêtements sont _____ *(fantastique)*.
9. _____ anorak est trop _____ *(grand)*.
10. _____ chemise est très _____ *(cher)*.
11. _____ jupe est _____ *(beau)*.
12. _____ magasin est _____ *(nouveau)*.

Les nouveaux vêtements

Exercice 2

C'est à toi maintenant! Ecris cinq phrases. Utilise *ce, cette, cet, ces* et des adjectifs.

_____
_____
_____
_____
_____

Station 6

Mon nouvel anorak

Les nouveaux vêtements

ma ⇒	nouvelle vieille **belle** bonne petite grande	⇒ robe	mon ⇒	nouveau vieux **beau** bon petit grand	⇒ pantalon	mon ⇒	nouvel vieil **bel** ⇒ anorak (m.) bon petit grand
mes ⇒	nouvelles vieilles **belles** bonnes petites grandes	⇒ robes	mes ⇒	nouveaux vieux **beaux** bons petits grands	⇒ anoraks		

Exercice 1

Complète les phrases avec les articles indéfinies et les adjectifs *beau/vieux/nouveau/bon/petit/grand*.

1. Je vais acheter _____ chaussures. (neu)
2. Je vais acheter _____ maillot de bain. (gut)
3. Je vais acheter _____ casquette. (groß)
4. Je vais acheter _____ pantalon. (klein)
5. Je vais acheter _____ ordinateur. (neu)
6. Je vais acheter _____ maison. (alt)
7. Je vais acheter _____ jean. (schön)
8. Je vais acheter _____ T-shirt. (groß)
9. Je vais acheter _____ pulls. (schön)
10. Je vais acheter _____ voitures. (gut)

Exercice 2

Fais des phrases en utilisant tous ces adjectifs.

_____
_____
_____
_____
_____
_____

Station 7

La jupe est super!

Name:

Exercice

Quelles formes vont ensemble? Fais des phrases correctes.

les chaussures		blanc
cinq livres		interéssants
la B.D.		nouveau
ma corres		gentil
mon ami		interéssante
ton ordinateur		bonne
le sac		petit
l'adresse		cool
les jupes		grand
le pantalon	**est**	vertes
mon collège		super
ses chiens	**sont**	noirs
tes copines		nouvelles
son appartement		fantastiques
le prof		rouges
les films		nouvelle
les chaussettes		bleu
un jean		jaunes
des bananes		blanches
quatre T-shirts		gris
la casquette		belles

Les nouveaux vêtements

Station 8

Le pantalon est plus beau que le jean!

Name: _____

Luc   est   **plus**   **grand**   **que**   Jean.
Jean   est   **moins**   **grand**   **que**   Luc.

Luc   Jean

Les nouveaux vêtements

Exercice

Et maintenant c'est à toi! Note les deux possibilités.

1. Le pantalon _____

2. Le pull _____

3. La première voiture _____

4. La deuxième voiture _____

Marie   Lucie

5. _____

6. _____

7. _____

8. _____

Station 9

Quels vêtements est ce-que je mets?

Name:

Exercice 1

Trouve les formes du verbe mettre.

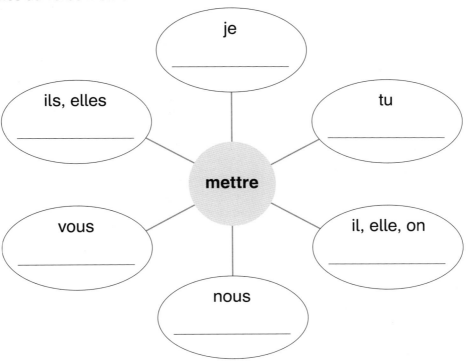

Exercice 2

Complète les phrases avec *quel, quelle, quels, quelles* et trouve les bonnes réponses.

1. Elle met _____ pull avec son pantalon?

2. Lucie rentre à _____ heure à la maison?

3. Vous prenez _____ chaussures?

4. _____ jupe est-ce que tu mets?

5. Nous mettons _____ maillots de bain?

a) Je prends les chaussures blanches.

b) Je mets la verte.

c) Nous mettons les maillots de bain rouges.

d) Elle rentre à neuf heures.

e) Elle met le pull jaune.

Station 10

Quelle est votre taille?

Name:

Situation: Marie cherche une nouvelle jupe et entre dans un magasin.

Exercice Piste 3

Ecoute le dialogue et coche la bonne réponse.

1. Que dit le vendeur après le bonjour?

    ☐ J'ai beaucoup de nouveaux pantalons pour dames.

    ☐ Nous avons beaucoup de nouveaux pantalons pour filles.

    ☐ Nous avons quelques nouveaux pantalons pour dames.

    ☐ Nous avons beaucoup de nouveaux pantalons pour dames.

2. Qu'est-ce que Marie cherche?

    ☐ Elle cherche des pantalons.   ☐ Elle cherche une jupe.

    ☐ Elle cherche un anorak vert.   ☐ Elle ne cherche rien.

3. Quel jupe est-ce que le vendeur lui propose?

    ☐ Il lui propose une jupe blanche.   ☐ Il lui propose une minijupe.

    ☐ Il lui propose une jupe jaune.   ☐ Il lui propose une jupe rouge.

4. Qu'est-ce que Marie pense de cette couleur?

    ☐ Elle trouve cette couleur super.   ☐ Marie déteste cette couleur.

    ☐ Elle préfère cette couleur.   ☐ Marie ne dit rien.

5. Marie a quelle taille?

    ☐ 34   ☐ 38

    ☐ 36   ☐ 40

6. La jupe coûte combien?

    ☐ Elle coûte 75 euros.   ☐ Elle coûte 120 euros.

    ☐ Elle coûte 55 euros.   ☐ Elle coûte 65 euros.

Les nouveaux vêtements

Station 1

Qu'est-ce qu'ils ont fait?

Name:

Exercice 1

Avant de commencer, conjugue le verbe avoir.

avoir

_____

_____

_____

_____

_____

_____

Exercice 2

Note le participe passé des verbes au présent.

Exemple: Je parle ⇨ J'ai parlé

Je mange ⇨ _____

J'écoute ⇨ _____

Tu parles ⇨ _____

Il discute ⇨ _____

Elle dit ⇨ _____

Nous écoutons ⇨ _____

Nous mettons ⇨ _____

Nous dormons ⇨ _____

Vous voyez ⇨ _____

Ils jouent ⇨ _____

Elles expliquent ⇨ _____

A Paris

Station 2

Sophie Marceau et Gérard Depardieu

Name:

Exercice 1

Lis le texte et souligne les verbes au passé composé et les noms qui vont avec.

Mercredi après midi, <u>Louis est allé</u> au cinéma avec sa copine. Lui et Marie, <u>ils ont regardé</u> un film sur Paris avec Sophie Marceau et Gérard Depardieu:

Un jour, ils sont allés à Paris pour regarder le match de foot «Paris Saint-Germain contre Nice». Quand l'actrice est arrivée à l'aéroport «Paris Charles de Gaulle», elle a attendu son collègue Gérard. Mais lui, il n'est pas arrivé tout de suite. Alors Sophie a téléphoné à un ami et lui a dit: «Je suis arrivée mais Gérard n'est pas arrivé avec moi.» Tout à coup, deux filles sont arrivées et elles ont demandé un autographe à Sophie. Elle a pris un stylo et l'a fait. Après, Sophie est entrée dans une salle et elle a vu que les deux jeunes filles y sont allées avec elle. Elles ont parlé un peu et Sophie leur a raconté: «J'ai attendu Gérard Depardieu pendant deux heures à l'aéroport!». Une des filles a commencé à rire et elle lui a raconté une histoire très bizarre: Le matin, elle a eu un rendez-vous avec un ami. Mais lui, il n'est pas venu. Alors elle n'est pas restée mais elle est allée aux Galeries Lafayette de Paris pour faire des achats. C'est là qu'elle a rencontré un grand acteur, Gérard Depardieu, qui lui a raconté la même chose ... et c'est comme ça que Sophie a tout compris finalement. Elle s'est trompée de point de rencontre et Gérard l'a attendu aux Galeries Lafayette! Tout de suite, Sophie et les filles sont sorties de Charles de Gaulle et elles sont parties en taxi pour rencontrer Depardieu. Quand elles sont arrivées au centre ville, le portable de Sophie a sonné. Gérard lui a téléphoné et lui a dit: «Je suis allé à l'aéroport pour te rencontrer là.»

... et le match de foot? Il est presque terminé!

Exercice 2

Cherche les mots inconnus dans le dictionnaire.

Exercice 3

Ecris les verbes dans ton cahier. Quelle est la nouvelle forme?

Station 3
Bonne mémoire

Name:

Exercice

Est-ce que tu as bonne mémoire? Trouve la bonne solution et fais les mots croisés.

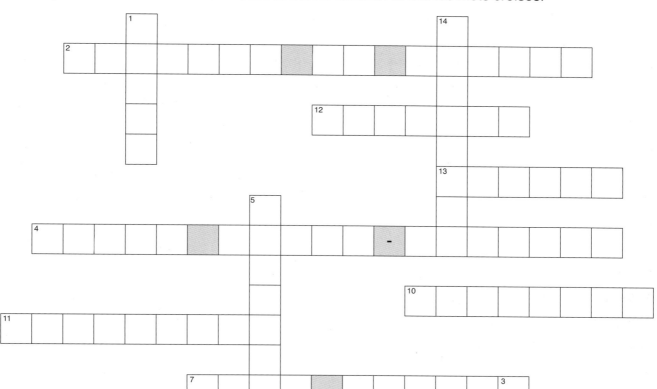

1. La capitale de la France
2. Un aéroport de Paris
3. Les Galeries
4. Une équipe de foot de Paris
5. L'actrice Sophie
6. L'acteur Depardieu
7. Le monument le plus connu de Paris
8. «Handy» en français
9. Joueur de foot français, Franck
10. «Flughafen» en français
11. «Deutschland» en français
12. Sophie Marceau est une
13. Gérard Depardieu est un
14. Paris est la … de France.

Station 4

A l'école

Name:

Exercice Piste 4

Ecoute Marie et réponds aux questions ou coche la bonne réponse.

1. Qu'est-ce que Marie raconte?

    a) ☐ quelque chose sur sa vie privée.

    b) ☐ quelque chose sur sa famille.

    c) ☐ quelque chose sur sa vie d'élève.

2. Quand est-ce qu'elle est entrée à l'école maternelle?

    a) ☐ à 3 ans

    b) ☐ à 5 ans

    c) ☐ à 7 ans

3. A' quelle école est-elle allée à l'âge de 11 ans?

    a) ☐ lycée

    b) ☐ école élémentaire

    c) ☐ bac

    d) ☐ collège

4. Qu'est-ce que c'est «l'école primaire»?

   _____

   _____

5. Quelle est la première classe au collège?

   _____

   _____

6. Qu'est-ce que Marie va passer après 3 ans de lycée?

   _____

   _____

Station 5

Les vacances à Paris

Name:

Matthieu a passé les vacances à Paris. Il a fait un album de photos de la ville pour ne pas oublier cette bonne expérience.

Exercice

Ecris ce que tu vois sur chaque photo dans son album.

Mes photos!   *Qu'est-ce que c'est?*

A Paris

Station 6
Les verbes dormir, partir, sortir

Name:

Exercice 1

Qu'est-ce que tu aimes faire pendant les vacances? Utilise les verbes *dormir, sortir* et *partir* pour faire des phrases.

_____
_____
_____

_____
_____
_____

_____
_____
_____

Exercice 2

Note les verbes au passé composé.

Hier,

j' _____ (dormir) jusqu'à 11 heures.

tu _____ (partir) à 5 heures.

nous _____ (partir) pour Paris.

ils _____ (sortir) avec elle.

elle _____ (dormir) chez sa grand-mère.

Marie _____ (sortir) avec son amie Céline.

Station 7

Les verbes voir, mettre, venir

Exercice

Remplis les lacunes avec les verbes *voir, mettre* et *venir*.

A Paris j'ai vu la Tour Eiffel. Luise et moi, nous _____ l'Arc de Triomphe.

Nous _____ la Joconde. Manon _____ avec nous.

Ses parents _____ un peu plus tard.

Ils _____ la photo de la Tour Eiffel sur internet.

C'est pour ça que toute la classe _____ les photos de Paris.

Ma mère _____ ma photo avec le garçon sympa. Quel horreur!

Et plus tard mes parents _____ cette photo dans la salle de séjour. Mon dieu!

Quand je _____ à la maison je l'_____ tout de suite,

alors je l'_____ dans la poubelle.

Station 8

Je suis à côté de la Tour Eiffel

Name:

Exercice

Lara a passé ses vacances à Paris avec Théo et ses parents. Elle écrit une carte postale à ses parents. Aidez-la à écrire la carte postale en français!

La carte postale de Lara

Cher papa, chère maman,

J'_____ (adorer) Paris. Ici, c'_____ (être) super. La famille de Théo _____ (être) très gentille. Hier, j'_____ (voir) la Tour Eiffel. Elle est super grande. Théo _____ (venir) avec moi. Ses parents _____ (mettre) la voiture près de la Tour Eiffel. On _____ (voir) la belle ville. Après, le grand-père de Théo _____ (venir) et nous _____ (aller) au Louvre. Là, nous _____ (voir) la Joconde. Elle est très belle. Maintenant je _____ (être) à côté de la Tour Eiffel et je _____ (être) très contente.

Je vous embrasse

Lara

A Paris

Station 1

On lui dit bonjour

Name: _____

Exercice

Travaille en tandem avec ton partenaire. Traduisez les phrases allemandes en français.

Partenaire A	Partenaire B
1. **Ich gebe ihr mein Buch.**	A. Je lui donne mon livre.
2. Elle lui parle.	B. **Sie spricht mit ihm.**
3. **Sie hat ihm geschrieben.**	C. Elle lui a écrit.
4. Vous leur montrez la page.	D. **Ihr zeigt ihnen die Seite.**
5. **Du wirst ihm die Hausaufgaben aufschreiben.**	E. Tu vas lui noter les devoirs.
6. Elle leur demande une gomme.	F. **Sie bittet sie (ihre Freunde) um einen Radiergummi.**
7. **Sie hat ihnen die Hausaufgaben weitergegeben.**	G. Elle leur a passé les devoirs.
8. Tu lui donnes le cahier?	H. **Gibst du ihm das Heft?**
9. **Wir haben ihnen eine Geschichte vorgelesen.**	I. On leur a / Nous leur avons lu une histoire.
10. On lui dit / Nous lui disons bonjour.	J. **Wir sagen ihr guten Tag.**

Au collège

Station 2

J'aime toute la classe

Name:

Exercice

Traduis les phrases de la carte A, ton partenaire fait la même chose pour la carte B. Puis faites le dialogue ensemble.

A

- Du sagst, dass du am Samstag Geburtstag hast und ihn/sie einladen möchtest.
- Du sagst nein, aber **alle Jungen** der Klasse sind dabei.
- Du antwortest, dass du nicht **alle Schüler** einladen kannst, obwohl du die **gesamte Klasse** magst.
- Du findest es toll, dass du das **gesamte Wochenende** feiern wirst.

A

B

- Du fragst, ob die **gesamte Klasse** eingeladen ist.
- Du fragst, wieso er/sie nicht **alle Mädchen** eingeladen hat.
- Du möchtest wissen, wie lange die Party geht.
- Leider musst du absagen, da du das **ganze Wochenende** mit deiner **ganzen Familie** im Urlaub bist.

B

Station 3

Toujours ces devoirs!

Name:

Exercice

Remplis les lacunes avec les verbes qui manquent.

Les élèves de la cinquième n'ont pas fait les devoirs de français mais comme toujours, Paul a une bonne idée.

1. *Louise:* Une fois de plus, toute la classe sans devoirs … et maintenant? Qu'est-ce qu'on va faire?

2. *Paul:* J'ai une idée!

3. *Mme Marceau:* Bonjour, la classe.

4. *Les élèves:* Bonjour, madame.

5. *Mme Marceau:* Est-ce que quelqu'un _____ (faire/ne pas) ses devoirs? Louise, tu as fait tous tes devoirs?

6. *Louise:* Non, madame. Je _____ (faire/ne rien).

7. *Mme Marceau:* Et toi, Paul?

8. *Paul:* Moi non plus.

9. *Mme Marceau:* Mais … il faut travailler! Les devoirs sont importants. Et maintenant, qu'est-ce qu'on va faire?

10. *Louise:* Est-ce qu'il y a quelqu'un qui a fait les devoirs de français?

11. *Les élèves:* Non, _____ (il y a/ne personne).

12. *Mme Marceau:* Comme toujours, vous _____ (avoir/ne jamais) les devoirs!

13. *Paul:* Mais madame, on _____ (avoir/ne pas) de devoirs de français pour aujourd'hui.

14. *Mme Marceau:* C'est vrai?

15. *Les élèves:* Oui, c'est vrai, c'est vrai.

16. *Mme Marceau:* Bof, vraiment … alors excusez-moi.

37

Station 4

Il faut faire les devoirs

Name:

Exercice 1 Piste 5

Ecoute la scène qui se passe en classe, lis les phrases et choisis si c'est vrai ou faux.

		vrai	faux
1.	Louise est sans devoirs.		
2.	Paul a oublié les devoirs à la maison.		
3.	Mme Marceau est en retard.		
4.	Les élèves ont un cours de maths maintenant.		
5.	La classe a un cours de français.		
6.	Mme Marceau veut écrire un test d'allemand.		
7.	Paul dit que les devoirs sont importants.		
8.	La classe a un plan.		
9.	Ils racontent à la prof qu'ils ont allemand maintenant.		
10.	Ils disent qu'ils n'avaient pas de devoirs pour aujourd'hui.		
11.	D'abord, Mme Marceau est furieuse.		
12.	Mme Marceau s'excuse à la fin.		
13.	C'est la première fois que la classe a oublié les devoirs de français.		

Exercice 2

Corrige les phrases fausses ici.

Exemple: Numéro 2 est faux parce que Paul n'a pas fait les devoirs.

_____

_____

_____

_____

_____

Au collège

Station 5

Name:

Il n'y a personne

Exercice 1

Quelle question va avec quelle réponse?

A	Tu as dit quelque chose?	Non, il n'y a personne.	
B	Tu vas encore à l'école?	Non, il n'y a plus personne là-bas.	
C	Tu aimes écrire?	Des phrases? Je n'ai rien fait.	
D	Vous êtes encore là-bas?	Non, je ne vais plus à l'école.	
E	Tu as fait combien de phrases?	Non, je n'ai pas parlé.	
F	Il parle encore en classe?	Non, ils n'ont rien fait.	
G	Il y a quelqu'un dans la salle?	Non, je n'ai rien dit.	
H	La prof est encore là?	Non, ici il n'y a personne qui va en vélo.	
I	Ils ont fait quelque chose pour les autres élèves?	Non, elle n'est plus là.	
J	Tu vas toujours en vélo?	Non, je n'aime pas écrire.	
K	Tu as parlé à quelqu'un?	Non, il ne parle plus en classe.	

Exercice 2

Réponds aux questions.

1. Et toi, tu vas toujours en vélo?

   (Non/ne jamais) _____

2. Tu fais toujours tes devoirs?

   (Non/ne pas) _____

3. Tu aimes écrire des lettres à ta grand-mère?

   (Non/ne plus) _____

4. Tu vas encore à l'école maternelle?

   (Non/ne plus) _____

5. Tu rates l'école quelquefois?

   (Non/ne jamais) _____

Station 6

Il faut faire quelque chose

Name:

Exercice

Réponds aux questions en utilisant les verbes suivants.

être gentil — être — téléphoner — savoir lire — faire attention — avoir — être sportif — acheter — travailler — participer

Qu'est-ce qu'il faut pour …

… être bien en français?   Pour être bien en français **il faut apprendre** le vocabulaire.

… avoir des amis?   _____

… savoir beaucoup de choses?   _____

… parler avec la famille en France?   _____

… jouer au foot?   _____

… gagner de l'argent?   _____

… lire un livre?   _____

… jouer du piano?   _____

… faire des crêpes?   _____

… regarder un film?   _____

… écrire un poème?   _____

Au collège

Station 1

Mes hobbies

Name: _____

Exercice

Faites des dialogues avec un partenaire et ajoutez le signe approprié au tableau.
Présentez ensuite les activités de l'autre. Utilisez le discours indirect:

Il/Elle dit que …

Nom: _____

☺ = Il/Elle aime   ☹ = Il/Elle déteste

Tu aimes le/la …? Tu détestes le/la …?		Tu aimes le/la …? Tu détestes le/la …?	
1	_____	11	_____
2	_____	12	_____
3	_____	13	_____
4	_____	14	_____
5	_____	15	_____
6	_____	16	_____
7	_____	17	_____
8	_____	18	_____
9	_____	19	_____
10	_____	20	_____

En vacances

Station 2

Interview

Name: _____

Exercice

Fais une interview avec trois élèves de ta classe pour savoir leurs hobbies. Pose au minimum dix questions à ton partenaire! Pour un oui tu fais une coche pour un non une croix.

Tu joues du …/de la … Tu joues au … ↓				Tu fais du …/de la …			
1				11			
2				12			
3				13			
4				14			
5				15			
6				16			
7				17			
8				18			
9				19			
10				20			

Station 3

Les activités

Name:

Exercice

Complète les phrases.

Aujourd'hui, on joue!

Nathalie aime _____ . Elle déteste _____ .

Son frère, Christophe, aime la musique et il aime aussi _____ .

À la maison, ils ont _____ , _____ ,

_____ et _____ . Mme Leclerc déteste

la musique mais elle aime _____ et les autres sports, comme

_____ , _____ , _____ ,

_____ et _____ .

Moi, j'aime _____ ! Et toi, qu'est-ce que tu aimes?

Tu aimes _____ ?

Non? Tu aimes _____ ?

Non? Tu aimes _____ ?

Hmmm, alors tu aimes _____ ?

Station 4 — Marie trouve Audrey Tautou super

Exercice

Réponds aux questions en employant le discours indirect.

1. Marie: «J'aime le foot.»

   Marie dit _____

2. Luc: «Moi, je ne l'aime pas.»

   Luc dit que lui, il _____

3. Marie: «Toi, tu ne l'aimes pas?»

   Marie demande si lui, il _____

4. Loïc: «Moi, je viens de Lyon et là, le foot c'est important.»

   Loïc _____

5. Philippe: «Mon ami et moi, nous jouons au foot.»

   Philippe _____

6. Albert: «Mon sport préféré, c'est le volley.»

   Albert _____

7. Lola: «J'aime la musique de Carla Bruni.»

   _____

8. Claire: «Je fais du roller.»

   _____

9. Céline: «Mais eux, ils ne sont pas là?»

   _____

10. Jean: «Moi, je voudrais faire de la natation. Et toi?»

    _____

Station 5

Je m'appelle Jeanne, et toi?

Name:

Exercice

Réponds aux questions en employant le pronom personnel tonique.

1. Comment tu t'appelles? Moi, je m'appelle _____

2. Tu as quel âge?

   Moi, _____

3. Vous habitez où?

   Nous, _____

4. Tu aimes quel sport?

   _____

5. Vous jouez d'un instrument?

   _____

C'est moi!

6. Vous avez des animaux?

   _____

7. Qu'est-ce qu'ils détestent?

   _____

8. Qu'est-ce que tu aimes?

   _____

9. Qu'est-ce qu'ils jouent?

   _____

10. Qu'est-ce qu'elles font?

    _____

En vacances

Station 6

Je m'appelle Philippe

Name:

Regel: **Je m**'appelle Philippe.

Ich ziehe **mich** an.

Jedes reflexive Verb hat ein Reflexivpronomen bei sich, das sich immer auf das Subjekt bezieht.

Subjekt	Reflexivpronomen
Je	me/m'
Tu	te/t'
Il/Elle/On	se/s'
Nous	nous
Vous	vous
Ils/Elles	se/s'

Exercice

Complète le tableau avec les formes appropriées.

s'appeler	s'habiller	se lever
Je m'appelle		
Tu t'appelles		
Il s'appelle Elle s'appelle On s'appelle		
Nous nous appelons		
Vous vous appelez		
Ils s'appellent Elles s'appellent		

Station 7

Eux, ils sont très sympathiques

Name: _____

Exercice 1

Complète le texte suivant avec les pronoms personnels qu'il faut.

Policier: Excusez-moi, qu'est-ce que vous cherchez?

Marion et Paul: Hein, _____? Rien.

Policier: Rien? C'est vrai?

Marion: Alors, _____, je cherche un violon. Et mon ami Paul, _____,

il cherche une guitare.

Paul: Oui, parce que sans _____ je suis perdu.

Policier: Je ne comprends rien. Maintenant je vais appeler le directeur et _____,

vous allez _____ expliquer tout.

Policier: Monsieur le directeur, il y a deux enfants ici qui cherchent des instruments.

Directeur: Des instruments? Mais … les enfants, regardez chez *Instruments-Bordeaux*,

_____, ils ont des instruments. Et _____, ils sont très sympathiques.

Ici, on est à la banque!

Exercice 2

Mets les phrases en ordre.

Elle dit aussi que Paul cherche une guitare.
D'abord les enfants arrivent.
Le directeur leur dit qu'ils sont à la banque.
Marion lui dit qu'elle cherche un violon.
Le magasin d'instruments s'appelle *Instruments-Bordeaux*.
Le policier veut appeler le directeur de la banque.
Le policier leur demande ce qu'ils font là.

1. _____
2. _____
3. _____
4. _____
5. _____
6. _____
7. _____

Station 8

A la banque

Name:

Exercice 1 Piste 6

Ecoute le dialogue entre Paul, Marion, le policier et le directeur.

1. Qu'est-ce que Paul cherche?

   _____

2. Qu'est-ce que Marion cherche?

   _____

3. Pourquoi est-ce que le policier leur parle?

   _____

4. Où sont les enfants?

   _____

5. Alors, qu'est-ce qui s'est passé?

   _____

   _____

Exercice 2

Le lendemain à l'école: En arts plastiques, il faut raconter une histoire avec des images. Tu racontes l'histoire de Paul, Marion, le policier et le directeur.
Qu'est-ce qui s'est passé? Fais une B. D. (Comic).

En vacances

Station 9

Cherchez les images

Name:

Exercice

Relie chaque image avec la bonne description.

jouer du piano	faire du roller
jouer de la percussion	faire du skateboard
jouer de la flûte	jouer au badminton
jouer au basket(ball)	jouer au volley(ball)
faire du jogging	faire du vélo
faire de la boxe	jouer du violon
jouer de la guitare	faire du cheval
faire du ski	nager/faire de la natation
jouer au ping-pong	faire du patin à glace	danser/faire de la danse	jouer au foot(ball)

En vacances

49

Station 10

Expliquer le chemin

Name:

Exercice Piste 7

Ecoute la description et trouve le chemin sur ton plan.

Solution route 1: _____

Solution route 2: _____

En vacances

Station 11

Name: _____

Où est le café «Olé»?

Exercice

Complète le dialogue entre un touriste et un homme dans la rue. Le touriste est à la gare et il cherche le café «Olé»

Touriste: _____

Homme: Bien sûr, je peux vous aider, qu'est-ce que vous cherchez?

Touriste: _____

Homme: Le café «Olé»? C'est _____ l'hôpital «Santé"!

Touriste: Et c'est _____

Homme: La direction? C'est facile! Alors, il faut aller _____ (⇨) dans la rue de Paris. Après il faut _____ (⇨) dans la rue des fleurs. Maintenant vous _____ (⇧) et après il faut prendre la _____ (2. ⇨) et tout de suite il faut _____ (⇦) et encore uns fois _____ (⇨) dans la rue de Marine. Là vous _____ l'école de Marine. Devant la pharmacie il faut _____ (⇦) et puis il faut _____ (⇧). Et là vous trouvez le café.

Touriste: _____

Homme: De rien, au revoir!

En vacances

Station 1: Les nombres de 1–1000

Page 9

Exercice 1

a) cinq cent soixante-deux
b) deux cent quatre-vingt-sept
c) cent trente-neuf
d) quatre cent vingt-huit
e) sept cent vingt-quatre
f) trois cent soixante-quinze
g) neuf cent sept
h) quatre cent soixante
i) trois cent quatre-vingt-six
j) huit cent quatre-vingt-quatre

Exercice 2

a) 204, b) 560, c) 122, d) 981, e) 612, f) 891, g) 245, h) 328, i) 470, j) 718

Station 2: Les nombres – dominos

Page 10

cent vingt-quatre	810	huit cent dix	886
huit cent quatre-vingt-six	413	quatre cent treize	757
sept cent cinquante-sept	536	cinq cent trente-six	507
cinq cent sept	431	quatre cent trente et un	260
deux cent soixante	910	neuf cent dix	321
trois cent vingt et un	976	neuf cent soixante-seize	667
six cent soixante-sept	889	huit cent quatre-vingt-neuf	863
huit cent soixante-trois	712	sept cent douze	658
Six cent cinquante-huit	674	six cent soixante-quatorze	111
cent onze	713	sept cent treize	231
deux cent trente et un	349	trois cent quarante-neuf	124

Station 4: C'est le garçon que j'aime! — Page 13

1. Ce sont Louis et Frédéric **qui** sont les copains d'Amélie.
2. C'est la fille **que** les Maurice aiment beaucoup.
3. Notre chien va partout **où** ma mère va.
4. Nous regardons le film **que** tu as regardé la semaine dernière.
5. Où est le CD **que** je t'ai acheté?
6. C'est mon copain **qui** sonne à la porte.
7. C'est une B.D. **que** tu n'as jamais vu.
8. Le train **qui** part va à Paris.
9. Nous allons au stade **où** il y a un concert.
10. La robe **qu'**elle porte lui va très bien.
11. Mon père a un collègue **qui** est français.
12. C'est au centre-ville **où** il y a le plus grand cinéma.
13. Ma sœur, **qui** aime la musique, joue de la trompette.
14. Le gâteau **que** nous mangeons est délicieux.
15. La fille **qui** passe est dans ma classe.
16. C'est le bistro **où** j'ai rendez-vous avec ma copine.
17. Ce sont des gens **que** vous ne connaissez pas.
18. Le vin **que** nous buvons vient de Bordeaux.
19. Le bus **que** nous prenons a du retard.

Station 5: Je le prends — Page 14

Exercice 1

1. Oui, je le regarde avec vous.
2. Non, elle ne les met pas dans sa chambre.
3. Oui, elles l'aiment.
4. Oui, il la trouve sympa.
5. Non, elle ne les écoute pas.
6. Oui, je les vois.

Station 6: Ce sont quels chiffres? — Page 15

Exercice 1

1. 462, 2. 248, 3. 999, 4. 866, 5. 785, 6. 521, 7. 437, 8. 111, 9. 318, 10. 616

Exercice 2

1. quatre cent quarante-quatre, 2. deux cent soixante-quatorze, 3. mille, 4. sept cent quatre-vingt-dix-huit, 5. quatre cent vingt-neuf, 6. trois cent et un, 7. six cent quatre-vingt-trois, 8. six cent deux, 9. cinq cent soixante-douze, 10. cent vingt-trois, 11. cinq cent cinquante-six

Station 1: Les vêtements et les couleurs — Page 16

Exercice 1

1. f) eine Kappe/Baseballcap, 2. d) eine Jacke, 3. a) ein Pulli, 4. b) ein Rock, 5. j) eine Hose, 6. g) ein Kleid, 7. c) eine Jeans, 8. e) ein Schuh, 9. h) eine Socke, 10. i) ein T-Shirt

Exercice 2

rot: rouge, blau: bleu, weiß: blanc, schwarz: noir, grau: gris, grün: vert, gelb: jaune, lila: violet, braun: marron

Station 2: Au magasin — Page 17

Le vendeur/la vendeuse	Le client/la cliente
Bonjour, monsieur/madame/mademoiselle. Vous désirez?	Je voudrais …/Je cherche …/Jen ne sais pas, je regarde …
Quelle est votre taille?	Vous avez ce pull/ces chaussures en 36?
Quelle est votre pointure?	Où sont les cabines?
Vous voulez essayer?	La couleur est géniale/super!
C'est très beau!	J'adore…/je déteste la couleur!
Cette couleur vous va bien.	Ça ne me va pas! C'est trop petit/grand.
C'est la mode en ce moment!	Elles coûtent combien, les chaussures?
C'est exactement votre taille!	Ce n'est pas cher/c'est trop cher.
C'est les soldes en ce moment.	Je prends le pantalon.
Ce n'est vraiment pas cher!	Où est la caisse?
Vous prenez le pantalon et la jupe?	Non merci, je ne prends rien.

Station 3: Ça me plaît beaucoup! — Page 18

a) 1. Guten Tag mein Herr, was wünschen Sie?
   2. Il cherche des chaussures.
b) 1. Welche Schuhgröße haben Sie (bzw. hast du)?
   2. Il chausse du 40. Est-ce que vous avez ces chaussures en 40?
c) 1. Ja, wollen Sie (bzw. willst du) sie anprobieren?
   2. Oui, merci.
d) 1. Das ist sehr schön/Das sieht sehr schön aus! Das ist momentan in Mode!
   2. Elles coûtent combien?
e) 1. Es ist gerade Schluss-/Ausverkauf, nur 60 Euro.
   2. C'est trop cher!
f) 1. Möchten Sie (bzw. möchtest du) die Schuhe nehmen?
   2. Non, il ne prend rien, merci.

Station 4: On fait du shopping — Page 19/20

Hinweis: Hier gibt es unterschiedliche Lösungsmöglichkeiten. Als Hilfe siehe Lösung Station 2.

Station 5: Ces prix sont intéressants!

Page 21

Exercice 1

1. **Ce** sport est **intéressant**.
2. **Ces** vacances sont **belles**.
3. **Cette** danse est **géniale**.
4. **Ce** maillot de bain est trop **petit**.
5. **Cet** ordinateur est tout **neuf**.
6. **Cette** vendeuse est **sympa**.
7. **Cette** plage est **grande**.
8. **Ces** vêtements sont **fantastiques**.
9. **Cet** anorak est trop **grand**.
10. **Cette** chemise est très **chère**.
11. **Cette** jupe est **belle**.
12. **Ce** magasin est **nouveau**.

Station 6: Mon nouvel anorak

Page 22

Exercice 1

1. des nouvelles, 2. un bon, 3. une grande, 4. un petit, 5. un nouvel, 6. une vieille, 7. un beau, 8. un grand, 9. des beaux, 10. des belles.

Station 7: La jupe est super!

Page 23

Hinweis: Es gibt mehrere Lösungsmöglichkeiten, z. B.:
Les chaussures sont nouvelles. Cinq livres sont intéressants. La B. D. est intéressante. Ma corres est cool. Mon ami est gentil. Ton ordinateur est nouveau. Le sac est petit. L'adresse est bonne. Les jupes sont vertes. Le pantalon est blanc. Mon collège est gris. Ses chiens sont noirs. Tes copines sont belles. Son appartement est grand. Le prof est super. Les films sont fantastiques. Les chaussettes sont blanches. Un jean est bleu. Des bananes sont jaunes. Quatre T-shirts sont rouges. La casquette est nouvelle.

Station 8: Le pantalon est plus beau que le jean!

Page 24

1. Le pantalon est plus neuf que le pull.
2. Le pull est moins neuf que le pantalon.
3. La première voiture est plus petite que la deuxième voiture.
4. La deuxième voiture est moins petite que la première voiture.
5. Marie est plus jolie/belle que Lucie.
6. Lucie est moins jolie/belle que Marie.
7. Les chaussures sont plus vieilles que les chaussettes.
8. Les chaussettes sont moins vieilles que les chaussures.

Station 9: Quels vêtements est ce-que je mets?

Page 25

Exercice 1

mettre: je mets, tu mets, il/elle/on met, nous mettons, vous mettez, ils/elles mettent

Exercice 2

1. Elle met **quel** pull avec son pantalon?
2. Lucie rentre à **quelle** heure à la maison?
3. Vous prenez **quelles** chaussures?
4. **Quelle** jupe est-ce que tu mets?
5. Nous mettons **quels** maillots de bain?

e) Elle met le pull jaune.
d) Elle rentre à neuf heures.
a) Je prends les chaussures blanches.
b) Je mets la verte.
c) Nous mettons les maillots de bain rouges.

Station 10: Quelle est votre taille?

Page 26

1. Nous avons beaucoup de nouveaux pantalons pour dames.
2. Elle cherche une jupe.
3. Il lui propose une jupe rouge.
4. Marie déteste cette couleur.
5. 36
6. Elle coûte 65 euros.

Station 1: Qu'est-ce qu'ils ont fait? — Page 27

Exercice 1
j'ai, tu as, il/elle/on a, nous avons, vous avez, ils/elles ont

Exercice 2
j'ai mangé, j'ai écouté, tu as parlé, il a discuté, elle a dit, nous avons écouté, nous avons mis, nous avons dormi, vous avez vu, ils ont joué, elles ont expliqué

Station 2: Sophie Marceau et Gérard Depardieu — Page 28

Exercice 1
Mercredi après midi, Louis est allé au cinéma avec sa copine. Lui et Marie, ils ont regardé un film sur Paris avec Sophie Marceau et Gérard Depardieu:
Un jour, ils sont allés à Paris pour regarder le match de foot «Paris Saint-Germain contre Nice». Quand l'actrice est arrivée à l'aéroport «Paris Charles de Gaulle», elle a attendu son collègue Gérard. Mais lui, il n'est pas arrivé tout de suite. Alors Sophie a téléphoné à un ami et lui a dit: «Je suis arrivée mais Gérard n'est pas arrivé avec moi.» Tout à coup, deux filles sont arrivées et elles ont demandé un autographe à Sophie. Elle a pris un stylo et l'a fait. Après, Sophie est entrée dans une salle et elle a vu que les deux jeunes filles y sont allées avec elle. Elles ont parlé un peu et Sophie leur a raconté: «J'ai attendu Gérard Depardieu pendant deux heures à l'aéroport!». Une des filles a commencé à rire et elle lui a raconté une histoire très bizarre: Le matin, elle a eu un rendez-vous avec un ami. Mais lui, il n'est pas venu. Alors elle n'est pas restée mais elle est allée aux Galeries Lafayette de Paris pour faire des achats. C'est là qu'elle a rencontré un grand acteur, Gérard Depardieu, qui lui a raconté la même chose … et c'est comme ça que Sophie a tout compris finalement. Elle s'est trompée de point de rencontre et Gérard l'a attendu aux Galeries Lafayette! Tout de suite, Sophie et les filles sont sorties de Charles de Gaulle et elles sont parties en taxi pour rencontrer Depardieu. Quand elles sont arrivées au centre ville, le portable de Sophie a sonné. Gérard lui a téléphoné et lui a dit: «Je suis allé à l'aéroport pour te rencontrer là.»
… et le match de foot? Il est presque terminé!

Exercice 3
La nouvelle forme est le passé composé avec «être».

Station 3: Bonne mémoire — Page 29

1. Paris, 2. Charles de Gaulle, 3. Lafayette, 4. Paris Saint-Germain, 5. Marceau, 6. Gérard, 7. Tour Eiffel, 8. portable, 9. Ribéry, 10. aéroport, 11. Allemagne, 12. actrice, 13. acteur, 14. capitale

Station 4: A l'école — Page 30

1. c), 2. a), 3. d), 4. Ce sont l'école maternelle et l'école élémentaire ensemble.
5. C'est la sixième classe. 6. Elle va passer son bac.

Station 5: Les vacances à Paris — Page 31

Individuelle Formulierungen, aber enthalten sein muss:
1. Sacré Cœur, 2. la Tour Eiffel, 3. l'Arc de Triomphe, 4. la Défense, 5. le Louvre

Station 6: Les verbes dormir, partir, sortir — Page 32

Exercice 1

Pendant les vacances j'aime dormir.
Pendant les vacances j'aime sortir avec les copains.
J'aime partir en vacances. J'aime aller à la mer.

Exercice 2

j'ai dormi, tu es parti(e), nous sommes parti(e)s, ils sont sortis, elle a dormi, Marie est sortie

Station 7: Les verbes voir, mettre, venir — Page 33

avons vu, avons vu, est venue, sont venus, ont mis, a vu, a vu, ont mis, suis venue, ai vue, ai mise

Station 8: Je suis à côté de la Tour Eiffel — Page 34

adore, est, est, ai vu, est venu, ont mis, a vu, est venu, sommes allés, avons vu, suis, suis

Station 2: J'aime toute la classe — Page 36

A: J'ai mon anniversaire samedi et je voudrais t'inviter.
Non, mais tous les garçons de la classe sont invités.
Je ne peux pas inviter tous les élèves bien que j'aime toute la classe.
Je trouve super que je vais fêter tout le week-end.

B: Est-ce que tu as invité toute la classe?
Pourquoi est-ce que tu n'as pas invité toutes les filles?
Combien de temps est-ce que la fête va durer?
Je regrette, je ne peux pas venir parce que je vais partir tout le week-end avec toute ma famille.

Station 3: Toujours ces devoirs — Page 37

5. n'a pas fait, 6. n'ai rien fait, 11. il n'y a personne, 12. n'avez jamais, 13. n'avait pas.

Station 4: Il faut faire les devoirs — Page 38

Exercice 1

1. vrai, 2. faux, 3. faux, 4. faux, 5. vrai, 6. faux, 7. faux, 8. vrai, 9. faux, 10. vrai, 11. vrai, 12. vrai, 13. faux.

Exercice 2

Numéro 3 est faux, Mme Marceau n'est pas en retard.
Numéro 4 est faux parce que les élèves ont un cours de français maintenant.
Numéro 6 est faux, Mme Marceau ne veut pas écrire de test du tout.
Numéro 7 est faux, c'est Mme Marceau qui dit que les devoirs sont importants.
Numéro 9 est faux, ils racontent à la prof qu'ils n'avaient pas de devoirs pour aujourd'hui.
Numéro 13 est faux parce que Mme Marceau dit que la classe ne fait jamais les devoirs de français.

Station 5: Il n'y a personne — Page 39

Exercice 1:

G, D, E, B, K, I, A, J, H, C, F

Exercice 2

1. Non, je ne vais jamais en vélo. 2. Non, je ne fais pas toujours mes devoirs.
3. Non, je n'aime plus écrire des lettres à ma grand-mère. 4. Non, je ne vais plus à l'école maternelle. 5. Non, je ne rate jamais l'école.

Station 6: Il faut faire quelque chose — Page 40

Hinweis: Es gibt mehrere Lösungsmöglichkeiten, z.B.:
Pour avoir des amis il faut être gentil. Pour savoir beaucoup de choses il faut faire attention à l'école. Pour parler avec la famille en France il faut leur téléphoner. Pour jouer au foot il faut être sportif. Pour gagner de l'argent il faut travailler. Pour lire un livre il faut savoir lire. Pour jouer du piano il faut participer aux leçons. Pour faire des crêpes il faut acheter les ingrédients. Pour regarder un film il faut avoir une télé. Pour écrire un poème il faut être poète.

Station 3: Les activités — Page 43

1. jouer au foot, 2. faire du cheval, 3. jouer du piano, 4. une guitare, 5. un violon, 6. des percussions, 7. une flûte, 8. danser/faire de la danse, 9. le volley, 10. le badminton, 11. le ping-pong, 12. le vélo, 13. la natation, 14. faire de la boxe, 15. faire du jogging, 16. faire du ski, 17. faire du patin à glace, 18. faire du roller.

Station 4: Marie trouve Audrey Tautou super — Page 44

1. qu'elle aime le foot. 2. ne l'aime pas. 3. ne l'aime pas. 4. dit qu' à Lyon le foot c'est important. 5. dit que lui et son ami, ils jouent au foot. 6. dit que son sport préféré c'est le volley. 7. Lola dit qu'elle aime la musique de Carla Bruni. 8. Claire dit qu'elle fait du roller. 9. Céline demande si eux, ils ne sont pas là. 10. Jean dit que lui, il voudrait faire de la natation et demande si je voudrais aussi faire de la natation.

Station 5: Je m'appelle Jeanne, et toi? — Page 45

Antworten beginnen mit: Moi, Moi, Nous, Moi, Nous, Nous, Eux, Moi, Eux, Elles.

Station 6: Je m'appelle Philippe — Page 46

je m'habille, tu t'habilles, il s'habille, elle s'habille, on s'habille, nous nous habillons, vous vous habillez, ils s'habillent, elles s'habillent.
je me lève, tu te lèves, il se lève, elle se lève, on se lève, nous nous levons, vous vous levez, ils se lèvent, elles se lèvent.

Station 7: Eux, ils sont très sympathiques — Page 47

Exercice 1

nous, moi, lui, elle, vous, lui, eux, eux.

Exercice 2

1. D'abord les enfants arrivent.
2. Le policier leur demande ce qu'ils font là.
3. Marion lui dit qu'elle cherche un violon.
4. Elle dit aussi que Paul cherche une guitare.
5. Le policier veut appeler le directeur de la banque.
6. Le directeur leur dit qu'ils sont à la banque.
7. Le magasin d'instruments s'appelle *Instruments-Bordeaux*.

Station 8: A la banque — Page 48

Exercice 1

1. Paul cherche une guitare. 2. Marion cherche un violon. 3. Il leur parle parce qu'il veut les aider. 4. Ils sont à la banque. 5. Ils sont entrés dans une banque mais ils cherchent un magasin d'instruments.

Station 9: Cherchez les images — Page 49

Bild 1: jouer du violon, Bild 2: jouer de la flûte, Bild 3: jouer de la percussion, Bild 4: jouer de la guitare, Bild 5: jouer du piano, Bild 6: jouer au volley(ball), Bild 7: jouer au foot(ball), Bild 8: jouer au basket(ball), Bild 9: jouer au badminton, Bild 10: jouer au ping-pong, Bild 11: faire de la boxe, Bild 12: faire du jogging, Bild 13: faire du ski, Bild 14: faire du patin à glace, Bild 15: faire du roller, Bild 16: faire du skateboard, Bild 17: faire du cheval, Bild 18: danser/faire de la danse, Bild 19: faire du vélo, Bild 20: nager/faire de la natation.

Station 10: Expliquer le chemin — Page 50

Route 1: collège «Louis Grenier»
Route 2: le supermarché

Station 11: Où est le café «Olé»? — Page 51

1. Excusez-moi, vous pourriez m'expliquer le chemin? 2. Je cherche le café «Olé».
3. à gauche de 4. dans quelle direction? 5. à droite 6. aller une autre fois à droite
7. allez tout droit 8. deuxième à droite 9. aller à gauche 10. à droite 11. voyez
12. tourner à gauche 13. aller tout droit 14. Merci beaucoup.

Retranscriptions de la compréhension orale

Piste 1 – Station 6: Connais-tu les nombres?
Exercice 1 (Mon premier rendez-vous, S. 15)

Quatre cent soixante-deux (462)

Deux cent quarante-huit (248)

Neuf cent quatre-vingt-dix-neuf (999)

Huit cent soixante-six (866)

Sept cent quatre-vingt-cinq (785)

Cinq cent vingt et un (521)

Quatre cent trente-sept (437)

Cent onze (111)

Trois cent dix-huit (318)

Six cent seize (616)

Piste 2 – Station 6: Connais-tu les nombres?
Exercice 2 (Mon premier rendez-vous, S. 15)

444, 274, 1000, 798, 429, 301, 683, 602, 572, 123, 556

Piste 3 – Station 10: Quelle est votre taille?
(Les nouveaux vêtements, S. 26)

Vendeuse: Bonjour, madame. Est-ce que je peux vous aider? Nous avons beaucoup de nouveaux pantalons pour dames.
Marie: Je ne sais pas encore … je cherche une nouvelle jupe.
Vendeuse: Et quelle couleur est-ce que vous désirez? Regardez cette jupe là, c'est la mode en ce moment!
Marie: Non, je déteste cette couleur, je n'aime pas des jupes rouges! Mais cette jupe bleue me plaît! La couleur est géniale! Vous avez cette jupe en 36?
Vendeuse: Bien sûr, vous voulez l'essayer?
Marie: Oui, où sont les cabines?
Vendeuse: C'est à gauche.
Vendeuse: C'est très beau! Cette couleur vous va très bien! C'est exactement votre taille.
Marie: Elle coûte combien, la jupe?
Vendeuse: Elle coûte 65 Euros, c'est les soldes en ce moment, ce n'est vraiment pas cher!
Marie: Effectivement, ce n'est pas cher.
Vendeuse: Vous désirez encore un pull avec la jupe?
Marie: Non merci, je prends seulement cette jupe. Où est la caisse?
Vendeuse: C'est à droite, madame.
Marie: Merci, au revoir.
Vendeuse: Je vous remercie, au revoir!

Piste 4 – Station 4: A l'école (A Paris, S. 30)

Le système scolaire en France

Salut, les enfants. Je m'appelle Marie et je voudrais vous raconter quelque chose sur ma vie d'élève.

Quand j'avais 3 ans je suis entrée à «l'école maternelle». Là, je suis restée pendant 3 ans. A l'âge de 6 ans je suis allée à «l'école élémentaire». Là, je suis restée 5 ans. Les deux ensemble, «l'école maternelle» et «l'école élémentaire» s'appellent «l'école primaire».

A 11 ans je suis entrée au collège, où je suis restée pendant 4 ans.

La première année je suis allée en sixième, après en cinquième, puis en quatrième. Un de mes amis est allé dans une autre école pour faire une formation courte. Mais moi, je suis restée au collège et après la troisième, j'ai passé un examen. Cet examen s'appelle «le brevet». Après on peut entrer au lycée. Maintenant je suis au lycée et après 3 ans de lycée je vais passer mon bac. J'espère que tout va bien.

Piste 5 – Station 4: Il faut faire les devoirs, Exercise 1 (Au collège, S. 38)

Les élèves de la cinquième n'ont pas fait les devoirs de français mais comme toujours, Paul a une bonne idée.

Louise: Une fois de plus, toute la classe sans devoirs … et maintenant? Qu'est-ce qu'on va faire?
Paul: J'ai une idée!
Mme Marceau: Bonjour, la classe.
Les élèves: Bonjour, madame.
Mme Marceau: Est-ce que quelqu'un n'a pas fait ses devoirs? Louise, tu as fait tous tes devoirs?
Louise: Non, madame. Je n'ai rien fait.
Mme Marceau: Et toi, Paul?
Paul: Moi non plus.
Mme Marceau: Mais … il faut travailler! Les devoirs sont importants. Et maintenant, qu'est-ce qu'on va faire?
Louise: Est-ce qu'il y a quelqu'un qui a fait les devoirs de français?
Les élèves: Non, personne.
Mme Marceau: Comme toujours, vous n'avez jamais les devoirs!
Paul: Mais madame, on n'avait pas de devoirs de français pour aujourd'hui.
Mme Marceau: C'est vrai?
Les élèves: Oui, c'est vrai, c'est vrai.
Mme Marceau: Bof, vraiment … alors excusez-moi.

Piste 6 – Station 8: A la banque, Exercice 1 (En vacances, S. 48)

Policier: Excusez-moi, qu'est-ce que vous cherchez?
Marion et Paul: Hein, nous? Rien.
Policier: Rien? C'est vrai?
Marion: Alors, moi, je cherche un violon. Et mon ami Paul, lui, il cherche une guitare.
Paul: Oui, parce que sans elle je suis perdu.
Policier: Je ne comprends rien. Maintenant je vais appeler le directeur et vous, vous allez lui expliquer tout.
Policier: Monsieur le directeur, il y a deux enfants ici qui cherchent des instruments.
Directeur: Des instruments? Mais … les enfants, allez chez *Instruments-Bordeaux*, eux, ils ont des instruments. Et eux, ils sont très sympathiques. Ici, on est à la banque!

Piste 7 – Station 10: Expliquer le chemin (En vacances, S. 50)

Route 1
Tu es à la poste, rue de l'hôtel de ville maintenant!

Je t'explique le chemin:

Il faut aller à gauche et après il faut prendre la première rue à gauche, c'est la rue de marine. Tu dois aller tout droit et quand tu vois le restaurant «Chez Michel» il faut aller à gauche. Après tu prends la première rue à droite jusqu'à la fin de la rue, puis tu vas encore à droite. Là il faut aller tout droit et au bout tu vois le café «Boléro». Là tu vas à gauche et tu arrives au …?

Route 2
Alors, maintenant tu es à l'hôtel du «Parc».

Je t'explique le chemin:

Il faut aller à droite et après tu dois prendre la première rue à gauche.
A la fin de la rue tu prends la rue des fleurs à droite puis tout de suite la rue à gauche.
Il faut aller tout droit maintenant.
Tu passes le cinéma et là il faut aller à droite. Ensuite il y a deux rues à gauche, tu prends la rue des marchands. A gauche tu peux voir …?